# ¿Es impar o par?

por Danielle Carroll

Consultant: Brad Laager, MA, Math Educator
Little Falls Community Middle School

para lectores principiantes

Libros sombrilla amarilla are published by Red Brick Learning
7825 Telegraph Road, Bloomington, Minnesota 55438
http://www.redbricklearning.com

Editorial Director: Mary Lindeen
Senior Editor: Hollie J. Endres
Senior Designer: Gene Bentdahl
Photo Researcher: Signature Design
Developer: Raindrop Publishing
Consultant: Brad Laager, MA, Math Educator, Little Falls Community Middle School
Conversion Assistants: Katy Kudela, Mary Bode

*Library of Congress Cataloging-in-Publication Data*
Carroll, Danielle
  ¿Es impar o par? / by Danielle Carroll.
     p. cm.
  ISBN 13: 978-0-7368-7336-9 (hardcover)
  ISBN 10: 0-7368-7336-8 (hardcover)
  ISBN 13: 978-0-7368-7416-8 (softcover pbk.)
  ISBN 10: 0-7368-7416-X (softcover pbk.)
  1. Counting—Juvenile literature. 2. Arithmetic—Juvenile literature. I. Title.
  QA113.C377 2005
  513.2'11—dc22
                                              2005015619

Adapted Translation: Gloria Ramos
Spanish Language Consultant: Anita Constantino

Copyright © 2006 Red Brick Learning. All rights reserved.
No part of this book may be reproduced without written permission from
the publisher. The publisher takes no responsibility for the use of any of
the materials or methods described in this book, nor for the products thereof.
Printed in the United States of America

Photo Credits:
Cover–Page 14: Signature Design; Page 15: Randy Faris/Corbis

1 2 3 4 5 6 11 10 09 08 07 06

# Contenido

¿Qué es impar y par? . . . . . . . . . . . . . 2

¡Sobra uno! . . . . . . . . . . . . . . . . . . . . 4

Entre dos números . . . . . . . . . . . . . . 6

Cuenta los números impares . . . . . . . 8

Cuenta los números pares . . . . . . . . 10

Sumando los impares y los pares . . . 12

Glosario . . . . . . . . . . . . . . . . . . . . . 16

Índice . . . . . . . . . . . . . . . . . . . . . . . 17

# ¿Qué es impar y par?

Algunos números son impares. Los números 1, 3, 5, 7 y 9 son números impares. En esta foto, ¿cuentas el gato como un número impar o par?

Los números 0, 2, 4, 6, 8 y 10 son números *pares*. ¿Ves una cantidad par o impar de gatos?

# ¡Sobra uno!

Tres es un número impar. Los números impares no pueden crear grupos iguales. Si dos de estos perros juegan juntos, el otro perro se queda solo.

Ahora hay cuatro perros. Dos perros pueden jugar juntos. Los otros dos perros también pueden jugar juntos. Con números pares puedes crear grupos iguales.

# Entre dos números

Mira los números debajo de las cinco ranas. **Entre** los números rojos impares hay números azules que son pares. Los números pares siempre se encuentran entre los números impares.

Los números impares siempre se encuentran entre los números pares. En la foto de abajo sólo se cuentan las ranas pares. ¿Puedes nombrar los números impares que se encuentran entre estos números pares?

# Cuenta los números impares

1    3            9

Aquí hay diez peces. ¿Puedes contar los números impares? Cuenta de dos en dos. ¡Trátalo! Empieza con el número 1. Sigue hasta que llegues al número 9.

**11    13**

Los números impares no terminan con el número 9. Puedes contar los números impares hasta siempre. ¿Puedes contar los números impares de dos **dígitos** que se encuentran en esta página?

# Cuenta los números pares

**0**   **2**

Ahora cuenta los números pares de dos en dos. ¡No te olvides de empezar con el número 0!

**12**     **14**

Debías haber terminado contando 10 peces. Ahora los números están **aumentando**. Los números pares también siguen para siempre. Sigue contando los números de dos dígitos de dos en dos.

# Sumando los impares y los pares

1 + 3 = 4

Si sumas dos números impares, la respuesta siempre será un número par. Mira la ecuación en esta página. Se suman dos números impares. La respuesta es un número par: 4.

Ahora suma dos números pares juntos. ¿Será la respuesta impar o par? ¡Cuando sumas dos números pares, la respuesta siempre será un número par!

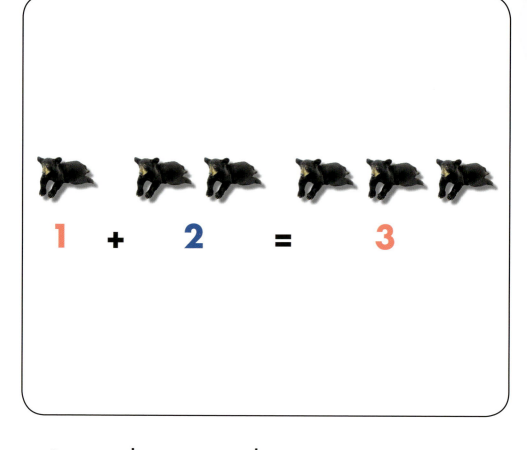

¿Se pueden sumar dos números y tener una respuesta impar? ¡Sí¡ Suma un número impar con un número par. La respuesta siempre será un número impar.

¡El mundo está lleno de números impares y pares! Cada vez que veas un número puedes ver si es par o impar. En esta foto, ¿cuentas un número par o impar de jugadores?

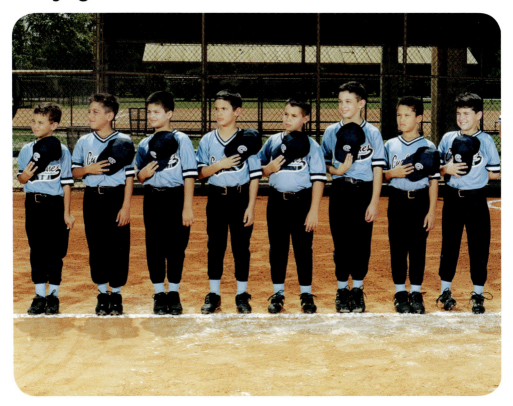

# Glosario

**aumentar**  cuando algo se hace más grande

**cero**  el número que representa nada

**dígitos**  los números de 0 a 9

**ecuación**  una frase númerica que tiene dos lados con el mismo valor

**entre**  el espacio que separa dos cosas

# Índice

dígitos, 9, 11
entre, 6, 7
impares, 2, 3, 4, 6, 7, 8, 9, 12, 13, 14, 15
pares, 2, 3, 5, 6, 7, 10, 11, 12, 13, 14, 15
respuesta, 12, 13, 14

Word Count: 400
Guided Reading Level: J